江戸の子ども

ちょんまげのひみつ

菊地ひと美

江戸《えど》の町《まち》の初夏《しょか》です。たくさんの人《ひと》が川《かわ》のまわりにあつまっています。
男《おとこ》の人《ひと》たちは、ちょんまげ姿《すがた》ですね。
ひと口《くち》にちょんまげといっても、いろいろなかたちがあります。

ちょんまげ

前《まえ》

ちょんまげ（丁髷《ちょんまげ》）は男《おとこ》の人《ひと》のかみ型《がた》のことです。
ひたいから頭《あたま》のてっぺんまでをきれいにそり、のこりのかみを結《ゆ》いあげます。
このかみ型《がた》は、江戸時代《えどじだい》より前《まえ》の戦国時代《せんごくじだい》のころからはじまったようです。
戦《いくさ》で兜《かぶと》をかぶり、重《おも》いよろいを着《き》ていると、熱気《ねっき》がこもり
頭《あたま》が蒸《む》れて不快《ふかい》だったので、頭《あたま》のてっぺんをそるようになりました。

後《うし》ろ

頭《あたま》のてっぺんはぜんぶそる。
のばした後《うし》ろのかみの毛《け》を結《ゆ》いあげる。

江戸時代《えどじだい》になると、武士《ぶし》だけでなく、町人《ちょうにん》やお百姓《ひゃくしょう》さんたちも、
まげを結《ゆ》うようになりました。
今《いま》では、まげを結《ゆ》うかみ型全部《がたぜんぶ》を「ちょんまげ」といっていますが、
江戸時代《えどじだい》には老人《ろうじん》のまげや、ごく小《ちい》さいまげのことを
「ちょんまげ」とよんでいました。

大人《おとな》になるまで

男《おとこ》の子《こ》

誕生《たんじょう》	3才《さい》	3·4才《さい》	3·4才《さい》	4·5才《さい》
坊主頭《ぼうずあたま》		**芥子《けし》**		**かっしき**
生《う》まれて7日目《なぬかめ》に産毛《うぶげ》をそる。	3才《さい》になると、かみをのばしはじめる。	てっぺんの毛《け》をのばすかみ型《がた》。	前《まえ》のかみも、いっしょにのばすこともあった。	全体《ぜんたい》をのばす。暑《あつ》さをにがすためにてっぺんだけをそることもある。

女《おんな》の子《こ》

誕生《たんじょう》	3才《さい》	3·4才《さい》	3·4才《さい》	4·5才《さい》
			奴《やっこ》	**かっしき**
男《おとこ》の子《こ》とだいたいおなじ。		てっぺんと耳《みみ》の上《うえ》をのこして、のこりはそる。	後《うし》ろの毛《け》と耳《みみ》の上《うえ》をのこして、それぞれをしばるかみ型《がた》。	男《おとこ》の子《こ》とおなじ。

ちょんまげは、大人《おとな》のしるしともいえるかみ型《がた》です。
では、子《こ》どもたちはどんなかみ型《がた》をしていたのでしょうか。

5·6才《さい》

てっぺんのかみを長《なが》くして折《お》りまげ、小《ちい》さなまげを結《ゆ》う。

7·8才《さい》

前《まえ》がみ以外《いがい》をのばし、まとめてしばる。

10·11才《さい》

ちょっとずつ前《まえ》がみをのばしはじめる。のびた後《うし》ろのかみはてっぺんでまげを結《ゆ》う。

14才《さい》

前《まえ》がみと後《うし》ろのかみを合《あ》わせて、まげを結《ゆ》う。

15才《さい》

ちょんまげ

前《まえ》がみをそりおとし、大人《おとな》のかみ型《がた》に。

5·6才《さい》

てっぺんと前《まえ》がみ、耳《みみ》の上《うえ》をのばす。

7·8才《さい》

だんだんのばしていく。前《まえ》がみを立《た》てる。

10·11才《さい》

いちょうまげ

のびたかみをてっぺんでたばねて、いちょうの葉《は》のように左右《さゆう》にわける。

14才《さい》

大人《おとな》のかみ型《がた》にするために、どんどんのばす。

16才《さい》

島田《しまだ》まげ

大人《おとな》になったしるしのかみ型《がた》。

江戸時代《えどじだい》では今《いま》とちがい、子《こ》どもたちは成長《せいちょう》にあわせてかみ型《がた》をかえて変身《へんしん》していきました。
生《う》まれてから、ちょんまげを結《ゆ》うまで、男《おとこ》の子《こ》のくらしをのぞいてみましょう。

誕生《たんじょう》

赤《あか》ちゃんが生《う》まれました。生《う》まれたばかりの赤《あか》ちゃんを
侍女《じじょ》（お手伝《てつだ》いさん）が、お母《かあ》さんにみせにきているところです。
男《おとこ》の子《こ》も女《おんな》の子《こ》もみんな、3才《さい》までは、かみをそりつづけて坊主頭《ぼうずあたま》にしていました。
かみ型《がた》だけでは男女《だんじょ》の区別《くべつ》がつきません。

出産《しゅっさん》……武家《ぶけ》（武士《ぶし》の家《いえ》）や大《おお》きな商家《しょうか》（お店《みせ》など、商売《しょうばい》をしている家《いえ》）では、座椅子《ざいす》にすわって出産《しゅっさん》します。

1~3才《さい》

かみの毛《け》がのびはじめた子《こ》ども。のばしかたにはいろいろあり、中国《ちゅうごく》からの影響《えいきょう》もみられます。

３才《さい》になると、かみの毛《け》をのばしはじめます。
かみをのばしはじめることを「髪《かみ》置《お》き」といい、
七五三《しちごさん》の３才《さい》の儀式《ぎしき》にもなっています。

4·5才《さい》

子《こ》どもたちが楽《たの》しみに
しているアメ売《う》りのおじさんが町《まち》にやってきました。
4才《さい》から5才《さい》ぐらいになると、かみの毛《け》全体《ぜんたい》をのばしはじめます。
このかみ型《がた》は「かっしき」とよばれていました。
頭《あたま》のてっぺんのかみをそり、かっぱのようなかみ型《がた》になる子《こ》もいます。

アメ売《う》り……はでな衣装《いしょう》を着《き》て、歌《うた》をうたいながら、子《こ》どもたちにアメを売《う》りあるきました。

5才《さい》

男《おとこ》の子《こ》は５才《さい》になると、お宮参《みやまい》りをします。
成長《せいちょう》を祝《いわ》い、はじめてはかまをはく儀式《ぎしき》があるのです。
この儀式《ぎしき》のことを「袴着《はかまぎ》」といいます。
のびたかみで、小《ちい》さなまげを結《ゆ》っていますね。

袴着《はかまぎ》……大《おお》きな商家《しょうか》の子《こ》どもは、家《いえ》に出入《でい》りしている鳶《とび》（火消《ひけ》し）の頭《かしら》など、男《おとこ》の人《ひと》に肩車《かたぐるま》され、両親《りょうしん》、乳母《うば》、お手伝《てつだ》いの人《ひと》たちをひきつれて、お宮参《みやまい》りにむかいました。

ひげをぬいて
いるところ。

髪《かみ》結《ゆ》い床《どこ》

男《おとこ》の人《ひと》は「髪《かみ》結《ゆ》い床《どこ》」で、まげを結《ゆ》ってもらっていました。今《いま》でいう床屋《とこや》さんです。かみを結《ゆ》うだけでなく、碁《ご》を打《う》ったり、本《ほん》を読《よ》んだり、話《はなし》をしたり、社交《しゃこう》の場《ば》にもなっていました。
粋《いき》で、かっこいいまげ姿《すがた》は、子《こ》どもたちのあこがれでした。

7·8才《さい》

柿《かき》のしぶぬき……柿《かき》のへたの部分《ぶぶん》を焼酎《しょうちゅう》につけて、しぶをぬいています。

兄弟《きょうだい》で柿《かき》をもいでいます。
かみの毛《け》はだんだんのびて、
頭《あたま》の上《うえ》や後《うし》ろのかみを
それぞれに束《たば》ねています。

10・11才《さい》

寺子屋《てらこや》……今《いま》でいう学校《がっこう》のようなもの。ちがう年齢《ねんれい》の子《こ》どもたちが、お寺《てら》などでいっしょに勉強《べんきょう》していました。

このころになると、寺子屋《てらこや》に行《い》ったり師匠《ししょう》についたりして勉強《べんきょう》がはじまります。

みんな前《まえ》がみがあり、後《うし》ろのかみをのばしています。

すこしずつ「ちょんまげ」に近《ちか》づいています。

14才《さい》

かみの毛《け》が、だいぶのびてきました。
前《まえ》がみと後《うし》ろのかみをまとめてまげを結《ゆ》っています。
大人《おとな》になる一歩手前《いっぽてまえ》のかみ型《がた》です。

15才《さい》

15才《さい》になりました。「元服《げんぷく》」の儀式《ぎしき》があります。
今《いま》でいう、20才《はたち》の成人式《せいじんしき》です。
前《まえ》がみを切《き》りおとし、頭《あたま》のてっぺんをそり、まげを結《ゆ》います。
これでもうすっかり大人《おとな》の仲間入《なかまい》りです。

元服《げんぷく》……男《おとこ》の子《こ》が成人《せいじん》したことを示《しめ》す儀《ぎ》式《しき》のこと。前《まえ》がみを切《き》り、ちょんまげを結《ゆ》うほかに着物《きもの》も大人《おとな》のものにかわります。16才《さい》くらいまでにおこなわれます。

少年《しょうねん》から大人《おとな》へ
かみ型《がた》くらべ

14才《さい》
少年《しょうねん》

前《まえ》がみがまだある。

後《うし》ろの毛《け》のふくらみ(たぼ)が大《おお》きい。

ちょんまげの結《ゆ》いかた

1 ざんばらにしたかみ全体《ぜんたい》をびんつけ油《あぶら》で湿《しめ》らせる。

2 くしでとかしながら、全部《ぜんぶ》のかみの毛《け》を後《うし》ろへあつめる。

15才《さい》 大人《おとな》

前《まえ》がみは全部《ぜんぶ》そる。
後《うし》ろのたぼをとり、すっきりとさせることもある。

3 後《うし》ろにあつめたかみを、元結《もとゆい》という白《しろ》い紙《かみ》のひもで、ひとつにしばる。

4 しばったかみをととのえながら、ふたつに折《お》りまげる。

5 長《なが》さのバランスを考《かんが》えながら、もう1か所《しょ》、毛先《けさき》のほうを元結《もとゆい》でしばる。しばる場所《ばしょ》は好《この》みや流行《りゅうこう》でかわる。

大人《おとな》のちょんまげいろいろ

郎君風《ろうくんふう》
大名《だいみょう》の息子《むすこ》。
頭《あたま》の上《うえ》の
まげが太《ふと》い。

茶《ちゃ》せんまげ
戦国時代《せんごくじだい》から江戸時代《えどじだい》はじめごろ
までの武家《ぶけ》に多《おお》い。
茶道具《ちゃどうぐ》の茶《ちゃ》せんに似《に》ているので、
この名前《なまえ》でよばれた。

大月代茶《だいさかやきちゃ》せんまげ
頭《あたま》の上《うえ》の月代《さかやき》の部分《ぶぶん》がひろいかみ型《がた》。
江戸時代《えどじだい》のはじめのころは、毛《け》をぬく
痛《いた》さをがまんできるという意味《いみ》で、
男《おとこ》らしいかみ型《がた》として人気《にんき》があった。

浪人風《ろうにんふう》
長《なが》くのばしたままのかみ。
藩《はん》などに勤《つと》めていない浪人《ろうにん》に多《おお》い。

いなせ風《ふう》
魚市場《うおいちば》ではたらく若《わか》い人たちのかみ型《がた》。
まげの毛先《けさき》が細《ほそ》くて
長《なが》い。

疫病本多《やくびょうほんだ》
髪《かみ》をわざとへらして細《ほそ》い毛先《けさき》にし、
病気《びょうき》で毛《け》がぬけたようにみせている。

辰松風《たつまつふう》
辰松八郎兵衛《たつまつはちろべえ》という人形《にんぎょう》つかいの
人《ひと》をまねて流行《りゅうこう》した。
頭《あたま》を広《ひろ》くそり、毛先《けさき》を短《みじか》くして
後《うし》ろに突《つ》きささりそうなほど
先《さき》をとがらせる。

バチびん

耳《みみ》の上《うえ》のところが
三味線《しゃみせん》のバチに似《に》ている。

立髪《たてがみ》

頭《あたま》の上《うえ》はのばし、後《うし》ろの毛《け》は
束《たば》ねて二《ふた》つ折《お》りにしている。
浪人《ろうにん》に多《おお》い。

奴頭《やっこあたま》

耳《みみ》の上《うえ》は毛《け》が１本《ぽん》など
糸《いと》のように細《ほそ》くしている。
大名行列《だいみょうぎょうれつ》の槍《やり》持《も》ちなどをする
奴《やっこ》などに多《おお》い。

銀杏《いちょう》まげ

頭《あたま》の上《うえ》の毛先《けさき》が細《ほそ》くて長《なが》い。
毛先《けさき》をひろげて、いちょうの
葉《は》のようにしたものもある。

大銀杏《おおいちょう》

毛先《けさき》をひろげて
大《おお》きないちょう型《がた》にしている。
今《いま》の関取《せきとり》のかみ型《がた》の
もとになった。

男《おとこ》まげ

代表的《だいひょうてき》な大人《おとな》の
男《おとこ》のまげで、
ふたつに折《お》るかたち。

老人《ろうじん》のまげ

年《とし》をとるとかみが細《ほそ》くなり、
量《りょう》もへるので、小《ちい》さなまげしか
結《ゆ》えなくなる。

三《み》つ折《お》り返《がえ》し

小《ちい》さいまげ。
束《たば》ねてから出《だ》す部分《ぶぶん》が
とても小《ちい》さい。
この人《ひと》や左《ひだり》の老人《ろうじん》のように
小《ちい》さいまげを本来《ほんらい》は
ちょんまげといった。

御料理

江戸時代《えどじだい》では、頭《あたま》をそり、まげを結《ゆ》う、ということは大人《おとな》のしるしでした。
武士《ぶし》や商人《しょうにん》、物《もの》をつくる職人《しょくにん》、学者《がくしゃ》（儒者《じゅしゃ》）や占《うらな》い師《し》、物売《ものう》り……
みんなそれぞれにまげを結《ゆ》って、大人《おとな》になっていきました。

江戸の子ども　ちょんまげのひみつ

2013年6月1刷　2019年11月2刷

菊地ひと美

発行者　今村正樹
発行所　偕成社　〒162-8450　東京都新宿区市谷砂土原町3-5
Tel：03-3260-3221〔販売〕　03-3260-3229〔編集〕　http://www.kaiseisha.co.jp/

装丁・本文デザイン　山﨑理佐子

印　刷　精興社
製　本　難波製本

NDC726 32P 27cm ISBN 978-4-03-332520-0

乱丁本・落丁本はおとりかえいたします。
本のご注文は電話・ファックスまたはEメールでお受けしています。　Tel：03-3260-3221　Fax：03-3260-3222　e-mail：sales@kaiseisha.co.jp